모두 다르지만, 모두 같은 다람쥐들을 응원합니다.

신경다양성

COLORFUL BRAIN FRIENDS

지은이 차예진

지은이의 말

미용실에서 머리 샴푸 후 직원분께서 물어보시는 질문이 있습니다.
"지압 강도는 어떻게 해드릴까요?"
저의 대답은 항상 "세게 해주세요!"입니다. 직원분께서 웃으시며 남성이라고 높은 강도로 받고, 여성이라고 약한 강도를 원하시는 게 아니고 고객분들마다 다 달라서 물어보셨다고 하셨습니다. 독자님은 어떤지 궁금하네요.

우리는 모두 다른 취향을 가지고 다른 정도의 감각을 느낍니다.
한겨울에도 아이스 아메리카노를 마시는 사람, 한여름에도 뜨거운 아메리카노 취향인 사람, 겨울 냄새, 공항 냄새를 단번에 알아차리는 사람, 목티는 답답해서 못 입는 사람 등 생각해 보면 같은 공간과 시간에서 생활하지만 서로의 다름이 더욱 이 세상을 재미있고 다채롭게 만들어주는 게 아닌가 싶어요.

MBTI 같은 친숙한 내용처럼 인류가 가지는 다양성을 설명하는 개념을 누구나 보고 쉽게 이해할 수 있는 콘텐츠가 있었으면 하는 바람이, 이 책의 시작이었습니다.
사회에서 살아가는 데에 어려움이 있기에 장애라고는 불리지만, 낫거나 완치되는 질병이 아닌 하나의 특성인 '신경다양성'을 다람쥐 친구들을 통해 보여드리고 싶었습니다.
이미 미국, 캐나다, 유럽, 호주 등 서구권 사회에서 10년 넘게 이어져 온 신경다양성의 사회적 움직임은 한 인간을 바라볼 때 장애의 박스에 넣어 한계를 짓지 않고 개개인의 개별성을 인정하고 존중하자는 키워드로 계속되고 있습니다.

10마리의 다람쥐들은 실제 사회에서 어디서든 볼 수 있는 우리 아이들입니다. 조금은 독특하고, 조금은 특이하게 보이는 아이들의 모습을 다람쥐 학교 에피소드에 한 컷 한 컷 메시지로 담으려고 노력했습니다. 이 책이 독자님들의 바라보는 세계를 컬러풀하게 빛나게 해주는 프리즘이 되었으면 합니다.

컬러풀 브레인 친구 소개

"왜 다람쥐인가요?"

여러분은 '다람쥐'라고 하면 어떤 다람쥐가 떠오르시나요?
한국에서 다람쥐라고 하면 갈색 줄무늬 다람쥐를 생각하지만, 미국에서 다람쥐라고 하면 회색 청설모를 떠올립니다. 이는 우리가 가지고 있는 고정관념이며 다람쥐가 이렇게 많은 종류가 존재한다는 것을 알고나면, 사고의 울타리가 확장되는 경험을 할 수 있습니다.

다람쥐는 전 세계에 모두 다 다른 모습과 습성을 가지고 278종류가 존재한다는 사실을 발견했고, 사람이 가지는 다양성을 다람쥐를 통해 시각화한다면 재미있게 전달할 수 있는 콘텐츠를 제작할 수 있을 것으로 생각했습니다.

포켓몬을 만든 다지리 사토시, 미키마우스의 아버지 월트디즈니, 배우 엠마 왓슨. 이들의 공통점은 바로 신경다양성을 가지고 있는 사람이라는 것입니다. 뇌신경의 다양한 연결로 나타나는 오티즘(자폐), 발달장애, 학습장애, ADHD, 뇌전증, 틱, 뚜렛증후군 등의 신경다양성을 다람쥐 학교 이야기로 누구에게나 쉽게 읽힐 수 있는 선물 같은 이야기를 구상하였습니다.

무에서 유를 창조하는 작업은 때로는 고통(?)의 시간이기도 했습니다. 다람쥐를 다루는 다람쥐학(Squirrelogy)에 대한 모든 원서, 한글로 출판되기 전 신경다양성 관련 주제의 책을 아마존에서 직구하여 연구의 시간을 가졌습니다. 다람쥐가 지니는 행동의 습성과 신경 다양성의 특성을 결부시켜 전 세계의 다람쥐가 한 마리씩 전학을 오면 함께 지내며 생기는 에피소드를 제작하였습니다.

캐릭터를 창작하며 주안점으로 가장 오랜 시간 고려했던 점이 있습니다. 바로 컬러풀 브레인, 즉 신경다양성으로 나타나는 특성을 이겨내야 할, 극복해야 할, 없애야 할 부정적인 것으로 묘사하지 않았습니다. 이는 질병으로만 한정하고 이를 치료 즉, 'Cure'해야 할 대상으로 판단하는 것이 아니라, 어떻게 하면 캐릭터가 속해있는 사회에서 개개인별 알맞은 지원으로 함께 지낼 수 있는지에 대해 고민하고 또 고민했습니다.

이야기 사이에 숨어있는 컬러풀 다람쥐를 찾아봐!

다람쥐들이 가진 캐릭터의 특징은 10마리 모두 하나 이상의 신경다양성의 특성을 가지고 있습니다. 병명으로 설명하기보다는 공존장애 comorbidity의 현실적 모습을 보여드리고 싶었습니다.

결국 모두 다 '다른' 다람쥐이지만 모두가 같은 '다람쥐'로서 함께 살아가는 매일의 일상이 우리의 일상입니다. 하나의 종(種) 안에서 우리 사회의 모습을 비유하여 포용의 메시지를 전합니다. 컬러풀 브레인을 가진 아이들이 스스로 긍정적인 신경다양적 정체성을 가지고 그 아이들을 키우고 계신 양육자, 같은 반 친구들, 선생님들, 사회 구성원의 이해도를 조금이나마 높이는 데에 도움이 되었으면 합니다.

※ 이 책에 사용한 폰트 중, 중요한 영문 폰트는
  난독증을 가진 아이들을 위해 'OpenDyslexic' 서체를 사용하였습니다.

목차

006   지은이의 말
008   컬러풀 브레인 친구 소개

첫 번째 이야기
012   감각회피자, 도도의 이야기
022   도도는 컬러풀 브레인 친구야! | 하늘다람쥐
024   '오티즘'·'실행장애'와 함께한 사람들

두 번째 이야기
026   깜빡깜빡, 보라의 이야기
038   보라는 컬러풀 브레인 친구야! | 아시아 삼색 다람쥐
040   '뇌전증'·'ADHD'와 함께한 사람들

세 번째 이야기
042   인공지능, 해리의 이야기
056   해리는 컬러풀 브레인 친구야! | 동부 회색 청서
058   '오티즘'과 함께한 사람들

네 번째 이야기
060   스케치북, 윌리의 이야기
074   윌리는 컬러풀 브레인 친구야! | 우드척
076   '오티즘'과 함께한 사람들

다섯 번째 이야기
078   에너자이저, 대니의 이야기
090   대니는 컬러풀 브레인 친구야! | 붉은 청서
092   '난독증'·'ADHD'와 함께한 사람들

여섯 번째 이야기

숫자울렁증, 아리의 이야기　094

아리는 컬러풀 브레인 친구야! | 리오 그란데 땅다람쥐　106

'난산증'과 함께한 사람들　108

일곱 번째 이야기

리츄얼, 바오의 이야기　110

바오는 컬러풀 브레인 친구야! | 적백 자이언트 날다람쥐　126

'난서증'·'오티즘'과 함께한 사람들　128

여덟 번째 이야기

공감각, 토토의 이야기　130

토토는 컬러풀 브레인 친구야! | 검은 꼬리 프레리도그　144

'공감각'과 함께한 사람들　146

아홉 번째 이야기

조마조마, 하루의 이야기　148

하루는 컬러풀 브레인 친구야! | 불타는 발 밧줄다람쥐　160

'뚜렛증후군'·'강박장애'와 함께한 사람들　162

열 번째 이야기

메아리, 치치의 이야기　164

치치는 컬러풀 브레인 친구야! | 시베리안 다람쥐　184

'오티즘'과 함께한 사람들　186

추천의 글　188

참고문헌　194

01
감각회피자

체육복 감촉이 불편해.
달리기 포즈가 좀 어렵지만, 날 수 있지!
숫자 만들기가 제일 재미있어~

감각회피자, 도도
Siberian Flying Squirrel

"도도야~ 일어나! 학교가야지~"
"엄마 너무 졸려요. 못 일어나겠어요."

"자 모두 아침 먹자~"
"와! 맛있겠다!"

 "도도야 빨리 좀 먹자~"

"1, 2, 3, 4, 5, 6, 7, 8, 9, 10!"

"엄마, 이 옷 팔이 너무 불편해요."
"오늘 체육복 입어야 하는 날인데…"

"자, 친구들! 오늘은 달리기를 배워볼 거에요.
양팔을 앞뒤로 번갈아 흔들며 뛰어보세요!"

다람쥐 친구들은
빠르게 달리며 즐거워했어요.

하지만 도도는 팔을 크게 흔들수록 계속 넘어졌어요.
"선생님, 저는 잘 안돼요.
달리는 게 힘들어요. 옷도 너무 불편해요."

하지만 도도는 친구들처럼 빨리 달리며
시원한 바람을 느껴보고 싶었어요.
도도는 쉬는 시간에도
혼자서 달리기 연습을 계속 했어요.

도도는 땀이 많이 나서 체육복을 벗었어요.
팔을 번갈아가며 움직이다
두 팔을 쭉! 뻗어 보았어요.

그러자 두 발이 땅 위로 붕 뜨며
시원한 바람을 두 팔로 가득 안을 수 있었어요!

그 때 친구들이 도도를 보고 말했어요.
"도도야, 네가 날고 있어! 이야, 진짜 멋지다!"
"선생님, 도도가 날아요!"

"도도는 정말 멋지구나!
도도는 하늘과 친구인 하늘다람쥐구나!"

도도는 멋진 자신이 자랑스러웠어요.
친구들과 선생님께서 나의 모습을 그대로 봐 준
이 날을 잊지 못할 거에요.

"도도야, 너를 세상에서 가장 사랑해"

"도도야, 너는 멋진 다람쥐야"

01 ― 감각회피자 ― 도도의 이야기

Dodo
도도는 컬러풀 브레인 친구야!

도도는 '감각 처리의 다름(Sensory Processing Difference)'을
가지고 있어서, 미각 감각의 과잉 반응이 있어요. (감각회피자)
도토리를 싫어하고 지렁이만 좋아해요!

도도는 숫자를 좋아해요.
아기일 때부터 지렁이로 숫자 만들기 대장이지요!
오티즘이 있어서 꼭 1부터 10까지 만들고 순서대로 먹는,
도도만의 규칙이 있어요.

도도는 '감각 처리의 다름(Sensory Processing Difference)'을
가지고 있어서, 촉각 감각의 과잉 반응이 있어요. (감각회피자)
같은 체육복이라도 불편한가봐요!

도도는 운동 행동을 계획하고 순서화하는 데 어려움이 있는
'실행 장애'가 있어요.
도도에게는 달리기가 정말 어려운 일이랍니다.

스스로 세운 원칙은 무슨 일이 있어도 꼭 지키는, 오티즘 도도는
멋있어요!

도도는 나무와 나무 사이를 비행하여 이동하는 하늘다람쥐예요!
여러 가지 방법으로 이동할 수 있다는 것을 보여준 도도는
대회에 출전하려고 매일 열심히 비행 연습 중이랍니다.

도도를 응원해 주세요!

도도는, '하늘다람쥐'야!

몸 길이는
11~12cm

내 몸무게는 60g

내가 사는 곳은 한국, 시베리아, 바이칼호, 만주 등이란다.
나는 **천연기념물 328호, 멸종위기야생동식물 2급**으로 지정되어 있어.
나는 야행성이라서, 아침에 일어나기 힘들어 해.
앞다리와 뒷다리 사이 피부조직인 '익막'을 사용해서
최대 100m까지 날아서 이동할 수 있단다.

Siberian Flying Squirrel

'오티즘'과 함께한 사람들

 with 'Autism'

Tajiri Satoshi
포켓몬 창작자, 다지리 사토시

1965년 8월 28일~

피카츄 모르는 사람 있을까?
포켓몬스터의 창작자이자
일본의 게임 개발자인 다지리 사토시는
자신이 가진 오티즘 덕분에
멋진 창작을 이어 나갈 수 있었다고 말했어.

Jessica-Jane Applegate
수영선수, 제시카-제인 애플게이트

1996년 8월 22일~

오티즘과 지적 장애를
함께 가지고 있는 애플게이트는
영국의 패럴림픽 금메달리스트야.

'실행장애'와 함께한 사람들

 # with 'Dyspraxia'

Daniel Radcliffe
영화배우, 다니엘 래드클리프
1989년 7월 23일~

조앤 롤링의 소설 원작 '해리포터' 영화에서
주인공 '해리'역을 맡아 10년 동안 촬영했어.
실행장애를 가지고 있어서 어렸을 때
신발 끈을 매거나 손으로 글씨 쓰는 일이
세상에서 가장 어려운 일이었다고 해.

Florence Welch
뮤지션, 플로렌스 웰츠
1986년 8월 28일~

인디록 밴드에서 리드보컬을 맡고 있지.
실행장애를 가지고 있어서 어렸을 때
학교생활이 힘들었다고 이야기 하곤 했어.
특히, 시험시간이 항상 모자라서
어려움을 겪었었대.

01 ─ 감각회피자 ─ 도도의 이야기

02
깜빡깜빡

깜빡깜빡 다람쥐,
나도 모르게 갑자기 몸이 떨리곤 해.
그땐 나를 도와줄래?
뉴진스 언니들이랑 발레를 좋아해!

깜빡깜빡, 보라
Asia Tri-colored Squirrel

"오늘은 말레이시아에서 전학을 온 친구가 있어요.
우리 친구, 자기소개 해볼까?"

"안녕? 나는 보라야. 말레이시아에서 왔어.
나는 발레를 좋아해.
나는 가끔 몸이 떨릴 수도 있는데,
그 땐 선생님께 알려줘!"

"만나서 반가워~ 보라야.
넌 털 색깔이 너무 예뻐!
나도 이런 털 색깔 갖고 싶다~"

보라는 말레이시아에서 가장 친한 친구였던
연두가 보고 싶어졌어요.
보라의 눈에서 눈물이 나면서
갑자기 입술이 떨리기 시작했어요!

그 때, 보라의 짝꿍 비비가 보라를 보더니
바로 선생님을 불렀어요.
"선생님! 보라가 슬픈 것 같은데, 입은 웃고 있어요!"

선생님께서 가까이 다가오시자
보라의 입술 떨림이 멈췄어요.
"보라 부모님께 입술이 떨렸던 시간을 말씀드릴거야.
지금은 어떠니?"

"괜찮아졌어요!"

"다음 시간은 과학시간이에요.
과일의 씨앗에 대해 공부할테니,
친구들은 밖에 나가서 과일을 찾아 먹고
씨앗을 꼭 가지고 학교로 돌아오세요!"

보라가 과일을 먹고
씨앗을 버리네요!

"자, 여러분! 씨앗 가지고 왔죠?
씨앗을 현미경으로 관찰해 볼 거에요."

"선생님…
씨앗을 안 가져왔어요…"

"괜찮아, 보라야.
내가 가져온 씨앗 같이 보자!"

집에 돌아간 보라는
엄마에게 오늘 있었던 일을 말씀드렸어요.
"엄마, 오늘 깜빡하고
학교에 씨앗을 안 가져가서 속상했어요."

"그랬구나,
준비물이 있을 땐 미리 메모해오면
엄마가 챙기는 걸 도와줄게.
기억해, 우리 보라는 행운의 다람쥐야!"

"내일 장기자랑 시간에 보라는 뭘 할거니?"
"파키타 왈츠 발레를 보여주고 싶어요!"

오늘은 장기자랑이 있는 날이에요!

"선생님... 저는 못할 것 같아요...
자신이 없어요..."

"보라야, 완벽한 다람쥐가 될 필요는 없단다.
지금까지 노력한 것만으로도 충분해.
너는 정말 멋진 다람쥐야!"

"네, 선생님.
한 번 해 볼게요!"

Bora
보라는 컬러풀 브레인 친구야!

'양성 롤란딕 뇌전증'으로 낮에는 부분발작 형태로 입술을 씰룩거리거나 이상감각 호소를 하는 등의 증상이 나타납니다.

보라처럼 웃는 상황이 아닌데 입꼬리가 올라가는 경우도 있어요.
뇌전증의 'SSS(Stay/Safe/Side)' 응급처치를 기억해요!
발작이 끝날 때까지 함께 있어 주고, 안전하게 지켜주며,
기도 확보를 위해 몸을 옆으로 돌려주세요.

'조용한 ADHD'를 가지고 있어요.
준비물을 잊거나 물건을 자주 잃어버리곤 해요.

좌절감이 반복되면서 정서적인 문제로도 발현되기도 합니다.

완벽하게 해내고 싶은 마음이 강한데, 내적인 불안감과 긴장감이 높아요.

열정이 가득하고 창의적인 보라는 예술적인 활동 중에서도
특히 발레를 좋아하고 재능이 있어 발레의 모든 것에 진심이랍니다.

보라를 응원해 주세요!

보라는, '아시아 삼색 다람쥐'야!

몸 길이는
20~27cm

내 몸무게는 250~500g

내가 사는 곳은 타이-말레이 반도와 수마트라 섬 등이란다.
나는 가장 화려하고 아름다운 다람쥐야!
동남아시아 사람들은 나를 행운을 가져다 주는 동물이라고 생각해.
주행성이고 잡식성인데, 달달한 과일을 좋아한다구~
과일을 나무에서 딴 후 멀리 가지고 와 냠냠 먹고 씨앗을 버려서
'씨앗 퍼뜨리기 요원'의 임무를 다 하고 있지!

Asia Tri-colored Squirrel

'뇌전증'과 함께한 사람들

 with 'Epilepsy'

Vincent van Gogh

화가, 빈센트 반 고흐

1853년 3월 30일~1890년 7월 29일

서양 예술 역사에서 가장 유명한

네덜란드 미술 거장인 반 고흐!

주치의의 말에 따르면

고흐는 측두엽 뇌전증이 있어서,

자신의 증상에 대해 글로 써서 남겼다고 해.

두 번째 이야기 — 40

Alfred Bernhard Nobel

과학자, 알프레드 노벨

1833년 10월 21일~1896년 12월 10일

노벨상을 만든 장본인인 노벨은

생애 특허를 355개나 가지고 계셨대!

어렸을 때, 특별한 원인이 없이 나타나는

뇌전증 증상을 가지고 있었다고 해.

'ADHD'와 함께한 사람들

 with 'ADHD'

Emma Watson
영화배우, 엠마 왓슨
1990년 4월 15일~

헤르미온느로 잘 알려진 배우이자 활동가인
엠마 왓슨은 어렸을 때부터 ADHD로
교실에서 집중하는 것이 매우 어려웠다고 해.
하지만 창의력과 영감의 원천을 발견했고
이를 연기와 글쓰기로 표현하게 되었다고 해.

Simone Biles
체조선수, 시몬 바일스
1997년 3월 14일~

올림픽 메달만 7개, 살아있는 체조계 전설!
ADHD라서 한 가지 목표에 더욱 집중하여
훈련할 수 있었다고 해.
자신의 신경다양적 특성을 인정하고
우선순위를 조절하며 지내고 있어.

03
인공지능

로봇 말투로 말하는 뉴요커.
새로 보는 물건은 꼭 볼에 대 봐야 입력 완료!
사진 기억력 작동 중!

인공지능, 해리

Eastern Grey Squirrel

"오늘은 미국에서 전학 온 친구가 있어요.
해리, 자기소개 해볼래?"

"안.녕.하.세.요. 저.는.해.리.입.니.다."

"뉴.욕.에.서.왔.습.니.다.
나.는.나.무.타.기.선.수.입.니.다."

"우와!
우린 땅다람쥐라서 나무 높이 타는 걸 잘 몰라.
나무에 높이 올라가면 뭐가 좋아?"

"맛·있·는·먹·이·를·많·이·찾·을·수·있·습·니·다!"

"자, 해리는 보라 옆에 앉도록 하세요.
출석을 부를게요!
도도, 보라, 요요, 치치, 그리고 아리!"

"선생님,
아리는 아직 겨울잠을 자고 있습니다."

해리는 자기 자리에 앉자마자
책상과 필통, 연필, 의자에
계속 볼을 대고 문질렀어요.

"야~ 이거 내 거야!"
"죄.송.합.니.다."

"넌 왜 자꾸 볼에 가져다 대 보는 거야?"
"제.가.그.러.는.줄.몰.랐.습.니.다.
죄.송.합.니.다."

"자, 이번 시간은 사회 시간입니다.
강당으로 모이세요!
어어? 내 스카프!"

"선.생.님.제.가.가.지.고.오.겠.습.니.다!"

"정말 고맙다, 해리야!"
"해리 멋지다! 대단해!"

"자, 우리 다람쥐들은
먹이를 찾으면 어떻게 해야 할까요?"

"입에 최대한 많이 넣어요!"

"그래, 요요야.
그리고 나중에 먹기 위해 잘 숨겨놓아야 한단다."

"지금부터 강당에
10개의 먹이를 1분 동안 숨겨놓도록 할게요!
시작!"

"아주 멋지게 잘 숨겼네요!
점심시간 후, 다시 강당으로 모이세요!"

"다들 점심 맛있게 먹었나요?
자, 그럼 아까 숨겨놓았던 먹이를
다시 찾아 오세요!"

"선생님, 저는 1개밖에 못 찾았어요."
"선생님, 저도 1개밖에 못 찾았어요."
"저는 2개밖에 못 찾았어요."

"다람쥐들은 원래
100개중에 95개는 못 찾는답니다.
괜찮아요!"

"선·생·님·저·는·10·개·다·찾·았·습·니·다."

"선.생.님.저.는.머.릿.속.에.
사.진.처.럼.기.억.해.두.었.습.니.다.
제.가.찾.은.먹.이.를.같.이.나.눠.먹.고.싶.습.니.다."

"해리 덕분에 간식 파티를 하게 되었네.
고마워, 해리야!"

Harry
해리는 컬러풀 브레인 친구야!

'오티즘'인 해리는 상대방이 손을 흔들며 인사할 때 자신이 보는 그대로 손바닥을 안쪽으로 돌려 인사를 해요.

해리는 말하는 억양이 단조로워 인공지능 혹은 로봇이 말하는 것처럼 느껴져요. 사회적 상황에 알맞은 표현을 하기 어려워하며, 구조화된 상황에서 학습했던 말을 사용해서 더욱 어색해 보일 수 있어요.

'감각 처리의 다름(Sensory Processing Difference)'이 있는 해리는 특히 촉각 감각을 더욱더 많이 추구하는(Craver) 다람쥐예요.

감각 추구 특성으로 인해 의도치 않은 오해가 생길 수도 있어요. 같이 생활하는 반 친구들에게도 해리의 특징에 대해 미리 알리고 해리도 타인의 공간을 존중하는 연습이 필요해요.

성격이 우직하고 자신의 책임을 다하려고 하는 해리는 나무 오르기 특기를 살려 선생님의 스카프를 가지고 왔어요.

시각적인 정보의 습득에 능숙한 해리는 한 번 본 것을 사진처럼 기억하곤 합니다.
오티즘을 가진 사람들에게는 추상적인 정보보다 시각적인 정보가 도움이 된다고 해요.

해리를 응원해 주세요!

해리는, '동부 회색 청서'야!

몸 길이는
25~30cm

내 몸무게는 400~800g

내가 사는 곳은 미국 동부와 중서부, 캐나다 동부의 남쪽이야.
일반적으로 청설모라고 알고 있을텐데, 원래 이름은 청서야.
나는 볼을 나무에 비벼서 볼샘에서 나는 냄새로 영역 표시를 해~
보통 다람쥐는 볼주머니에 먹이를 넣고 다니지만, 나는 입에 물고 다녀.
그리고 다른 다람쥐들보다 먹이를 더 잘 찾지!
나무 위에서 활동하는 것을 좋아하는 나무 다람쥐야!

Eastern Grey Squirrel

'오티즘'과 함께한 사람들

 with 'Autism'

Stephen Wiltshire
아티스트, 스테픈 윌트샤이어

1974년 4월 24일~

런던, 로마, 홍콩, 프랑크푸르트 등
헬리콥터에서 도시의 전경을 한번 보고
그대로 그려내는 대단한 아티스트야!
9살 때 처음 언어를 말하기 시작했는데
첫 번째 단어는 바로 '종이'였다고 해!

Temple Grandin
동물학자, 템플 그랜딘

1947년 8월 29일~

미국과 캐나다에 사는 소들의 절반은
그가 설계한 시설에서 지내고 있대!
그림으로 생각하는 자신의 강점을 찾아준
선생님 덕분에 오티즘을 가지고 있으면서
세계 동물복지의 수준을 높이는 연구를 해.

Tim Burton
예술가, 팀 버튼
1958년 8월 25일~

영화·애니메이션 감독, 프로듀서, 각본가,
그리고 창의적인 아티스트인 팀 버튼!
ADHD와 오티즘을 동시에 가지고 있는데
세상을 바라보는 자신만의 시각으로
상상력과 독특한 창의력을 표현하려고 했대!

Camilla Pang
과학자, 카밀라 팡
1992년 2월~

영국의 컴퓨터 생물학자이자 작가야.
ADHD, 범불안장애도 같이 가지고 있는데,
'자신의 존재에 대해 사과하지 말 것'이라는
책에서 사람들의 표정과 감정을 이해할 수
없었다고 말했어.

04
스케치북

나는 말보단 스케치북으로 소통해.
난 좋으면 냄새를 맡고 냄새로 기억해.
조금의 변화도 바로 캐치할 수 있어!

스케치북, 윌리

Woodchuck

"오늘은 캐나다에서 전학 온 윌리를 소개할게요.
윌리, 자기소개 해보겠니?"

윌리는 스케치북에 자신의 말을 전해요.

"자, 오늘은 조별 활동을 해 볼 거에요.
다람쥐가 지켜야 할 예의를 생각해 보고
같이 이야기해 봅시다."

해리, 보라, 도도, 윌리, 요요가
같은 모둠이에요.

"우.리.그.럼.한.명.씩.말.해.볼.까?"

"좋아!
나는 친구를 위해주는 마음이
중요하다고 생각해."

04 ― 스케치북 ― 윌리의 이야기

"보라야, 정말 좋은 생각이다.
나는 서로의 다른 점을 존중하면 좋겠어."

"맞아,
나는 겨울잠 잘 때 다 방학했으면 좋겠어."

"하.하.요.요.는.정말.재.미.있.어.
나.는.겨.울.잠.을.안.자.니.요.요.가.많.이.보.고.싶.을.거.야.
나.는.서.로.다.른.점.을.칭.찬.해.주.는.게.
필.요.하.다.고.생.각.해."

"윌리야, 네 차례야."

"……"

04 ─ 스케치북 ─ 윌리의 이야기

"윌리야, 천천히 얘기해도 돼.
우리가 기다릴게."

"아하하! 맞아, 맞아!"

"자, 점심시간이에요!
한 줄로 서서 급식실로 이동합시다."

윌리는 앞에 있는 해리의 머리 냄새를 열심히 맡았어요.
해리는 싫다고 꼬리로 말했구요.

"야, 하지말라고 했잖아!
꼬리로 말한거 몰라?"

그 때, 윌리가
멀리서 뱀이 다가오는 것을 발견했어요.

"드아아아아아!!!"

"으악, 깜짝이야! 윌리가 말했다!
왜 그래?"
"앗, 뱀이다!!!!!!!"

"얘들아, 선생님이 뱀 쫓고 올게!!"

선생님은 나뭇가지로 뱀을 때려 쫓아냈어요!

"윌리야, 고마워."
"윌리 네 덕분에 우리가 안전할 수 있었어!"

Willy
윌리는 컬러풀 브레인 친구야!

'오티즘'을 가지고 있는 윌리는 말을 하지 않는 무발화 친구에요.
필요한 의사소통은 때때로 스케치북을 이용한답니다.

자신이 전하고 싶은 메시지를 빨리 생각해 내 말하기가 어려워요.
의사소통이 어렵다 보니 같이 지내는 친구들도 윌리가 답답하다고
느껴질 수 있어요.
하지만 시간이 주어진다면 기발한 생각을 해낼 수도 있답니다!

'감각 처리의 다름(Sensory Processing Difference)'이 있는
윌리는 특히 미각 감각의 과잉 반응을 가지고 있는 감각회피자예요.
초식 위주의 식단을 지킨답니다.

감각 추구 특성으로 인해 의도치 않은 오해가 생길 수도 있어요.
후각 감각 추구 행동이 있어 여러 물건의 냄새를, 코를 대고 맡아요.
윌리는 자신의 특징에 대해 친구들에게 미리 알려주고 사적인 영역을
지키는 연습이 필요합니다.

시각적인 정보에 뛰어난 윌리는 조그마한 변화에도 직감하는 능력을
갖추고 있어요.
오티즘을 가진 친구들의 특징이기도 해요.

무발화인 윌리가 위험을 감지하자 큰소리를 냈어요.
최선을 다해 메시지를 전하려는 윌리의 노력이 큰 고함으로 표현되었
네요. 사실 윌리는 매번, 매시간 최선을 다하고 있답니다.

윌리를 응원해 주세요!

윌리는, '우드척'이야!

몸 길이는
41~68cm

내 몸무게는 2~6.8Kg

나는 미국 북동부와 중부 지역, 캐나다에 살아.
사는 지역에서 가장 큰 땅다람쥐이야!
다른 다람쥐와는 다르게 하얀색 큰 앞니가 나의 특징이지.
겨울잠을 자기 때문에 10월부터 3~4월까지는 굴에서 지내.
꼬리가 다른 다람쥐들보다 짧아서, 꼬리로 의사소통을 하지는 않아.
위험을 감지하게 되면 아주 크게 고함을 지르기도 해!

Woodchuck

'오티즘'과 함께한 사람들

 with 'Autism'

Andy Warhol
예술가, 앤디 워홀

1928년 8월 6일~1987년 2월 22일

미국의 미술가이자 팝아트의 선구자야.

캠벨수프 캔 그림 모두 한 번씩 본 적 있을걸?

메아리 같은 반향어 사용, 난독증도 있었어.

이러한 워홀의 독특한 개성이

예술가로서 날개를 달아준 것이기도 해.

Sia
뮤지션, 시아

1975년 12월 18일~

호주의 싱어송라이터인 시아는

45살이 되어서야 오티즘 진단을 받았대.

그 이후의 시간에서야 비로소 완전히

자기자신이 될 수 있었다고 회고했어.

Greta Thunberg
환경운동가, 그레타 툰베리
2003년 1월 3일~

스웨덴의 환경운동가인 그레타 툰베리는,
처음으로 청소년 기후행동을 실천한 분이야.
2019년 타임지 올해의 인물로 선정되었어.
자신이 오티즘이라는 것을 당당히 표현하고
그럼으로써 하나의 일에 몰두할 수 있었대.

Wolfgang Amadeus Mozart
작곡가, 울프강 아마데우스 모차르트
1756년 1월 27일~1791년 12월 5일

어려운 소통, 어색한 표정, 불규칙한 기분의
변화 등을 오티즘 증상으로 추측할 수 있어.
5살 때부터 음악만 공부하고
하루종일 악기를 다루며 작곡에만 몰두했대.

05
에너자이저

가만히 못 있어서 선생님한테 많이 혼나.
그래도 성격 짱, 인기 짱 다람쥐라규!
나도 모르게 글자를 잘못 읽는데, 왜 그럴까? ㅠㅠ

에너자이저, 대니
Red Squirrel

"오늘은 덴마크에서 전학 온 친구가 있어요.
대니, 자기소개 해볼까?"

"Hej, 나는 덴마크에서 온 대니라고 해.
난 우리나라를 대표하는 동물이야.
그리고 헤이즐넛을 제일 좋아해!"

"대니는 윌리 옆자리에 앉으세요."

"오늘은 다람쥐 이빨에 대해 배울 거예요.
우리는 모두 앞니가 있어요."

"밀리야,
나 연필 하나만 빌려줘."

"아, 미안!
쓰고 돌려줄게."

"모든 다람쥐의 앞니는 계속 자라기 때문에
열심히 먹이를 이빨로 갉아 먹어야 해요."

"헤이즐넛 먹고 싶다, 크크크."

"대니, 칠판에 집중하세요!"

"선생님 저는 이빨이 22개이고
태어난 후 42일째에 다 났대요!"

05 _에너자이저_ 대니의 이야기

"체육시간이에요!
모두 운동장으로 나오세요!"

"얘들아, 나 봐봐!
나무 위에서 물구나무 설 수 있어!"

"우와, 대니야!
한번 더 해 봐. 진짜 멋지다!"

"덴마크에서도 진짜 인기 많았었겠다!"
"9명 후보 모두 대단한데 날 뽑아줘서 고마웠어."

"친구들, 두루미 학교 물통이 잘못 배달왔네요.
물을 어떻게 마시면 좋을까요?"

"아! 좋은 생각이 떠올랐어요!"

"선생님, 제가 나뭇잎을 돌돌 말아
빨대로 만들었어요!"

"대니야, 정말 기발한 생각을 했구나!
고마워 대니!"

Danny
대니는 컬러풀 브레인 친구야!

 '난독증'을 가지고 있는 대니는 'ㅁ'과 'ㅇ'을 헷갈려해요.
그래서 '윌리'를 '밀리'라고 읽었네요.

 '과잉행동/충동우세형 ADHD'를 가지고 있는 대니는 수업 시간에
가만히 앉아 있는 것이 어려운 다람쥐예요.
의자를 뒤로 젖히며 계속 몸을 움직이고, 손발을 가만히 두지 못하고
꼼지락거리고 있네요.

 '과잉행동/충동우세형 ADHD'이 하나의 특징인 대니는 말과 질문이
많고, 자신의 차례를 기다리지 못하고 생각나는 말을 불쑥 꺼내기도
한답니다.

 대니는 '감각 처리의 다름(Sensory Processing Difference)'을
가지고 있어서 움직임과 균형 감각의 조절에 어려움이 있어요.
그래서 물구나무서기를 좋아하고 빠르고 회전하는 동작을 어지러워
하지 않고 즐길 수 있어요.

 대니가 덴마크 국민 동물 투표에서 1위를 했어요!
무한한 에너지를 가지고 있고 새로운 친구를 사귀는 일에 적극적인
대니가 많은 사람들에게 인정을 받았네요.

 대니가 놀라운 아이디어를 선보였네요!
실제로 ADHD를 가진 아이들은 탐구심과 호기심이 많고 창의적이며
관심 있는 것에 높은 집중력을 보이지요.

 대니를 응원해 주세요!

대니는, '붉은 청서'야!

몸 길이는
19~23cm

내 몸무게는 250~340g

내가 사는 곳은 유럽 전역 및 시베리아야!
도토리는 소화가 잘 안돼서, 헤이즐넛과 잣을 가장 좋아해.
겨울잠도 자지 않고, 하루 종일 활동량이 엄청난 무한 체력이라구!
나는 나무를 잘 타고, 점프도 잘 하는 나무 다람쥐야.
겨울에는 털 색깔이 회색과 하얀색으로 변하고,
귀마개같이 귀를 보호하는 긴 털이 자라 마치 토끼같아 보이기도 해!

Red Squirrel

'난독증'과 함께한 사람들

 with 'Dyslexia'

Tom Cruise
영화배우, 톰 크루즈

1962년 7월 3일~

헐리우드 톱 배우인 톰 크루즈!

톰 크루즈는 난독증이 있어서,

영화 대본을 들으면서 외운다고 해.

주연이라 대사가 엄청 많을텐데 정말 대단해!

Walt Disney
애니메이터, 월트 디즈니

1901년 12월 5일~1966년 12월 15일

디즈니는 난독증이 있어서 학교에서

교과 과정을 배우는 것이 쉽지 않았다고 해.

애니메이션과 놀이공원의 세계관을 결합해

글로 읽지 않아도 행복한 시간을 보낼 수 있는

'디즈니랜드'를 전 세계에 만들었지!

'ADHD'와 함께한 사람들

 with 'ADHD'

Ryan Gosling
영화배우, 라이언 고슬링

1980년 11월 12일~

헐리우드의 영화배우 라이언 고슬링은
초등학교 때 왕따를 당했다고 해.
ADHD와 난독증을 함께 가지고 있어서
1년간 홈스쿨링을 하기도 했었대.

Jamie Oliver
요리사, 제이미 올리버

1975년 5월 27일~

영국의 스타 요리사 제이미 올리버는
어렸을 때 난독증, ADHD를 가지고 있어서
학교 생활이 많이 어려웠다고 해.
읽기보단 책을 녹음해서 들으며
공부를 했다고 해.

06
숫자울렁증

숫자만 보면 울렁울렁해.
아리아나그란데 언니처럼 멋진 뮤지션이 되고 싶에!
예에~~~!

숫자울렁증, 아리
Rio Grande Ground Squirrel

"오늘 드디어 아리가 왔구나!"

"네, 선생님.
저는 더 자고 싶은데 엄마가 깨웠어요.
오늘 아침에 눈이 부셔서 눈을 뜰 수가 없었어요."

"그랬구나~ 새로운 친구들과 인사하렴!"
"Hola! 나는 작년에 멕시코에서 전학왔어."

"우와, 네 등에 하얀 줄무늬 정말 멋지다.
하나, 둘, 셋,
하얀 점선 줄무늬가 9개나 돼!"

"난 갈색 줄이 다섯 개인데 네가 더 많네!
진짜 예쁘다~~"
"응? 내가 더 많다구? 뭐가?"

"아리 네 등에 줄무늬가 목걸이 같아.
꺄아~ 정말 예뻐!"

"그래. 잘 모르겠지만 아무튼 고마워!"

"자, 오늘은 전국 다람쥐 체전에 나갈 대표 선수를 뽑을 거예요."

"멀리뛰기는 도도가 출전할 거예요!"

"그리고 테니스 선수를 뽑을 거예요.
보라랑 해리가 한 팀,
윌리랑 대니가 한 팀으로 게임을 해 봅시다!"

"그리고 아리가 점수를 매겨보자!"

"1:0!!"

06 — 숫자울렁증 — 아리의 이야기

아리는 점수가 헷갈리기 시작했어요.

"아리야, 해리 공이 선 밖에 나갔잖아!"

"선생님, 점수판 넘기는 것 좀 도와주세요.
잘 못하겠어요."

06 ─ 숫자울렁증 ─ 아리의 이야기

"자, 이번 시간은 음악 시간이에요.
기타를 가지고 연주를 해 볼 거예요."

"선생님! 저는 친구들이 테니스를 칠 때
멋진 멜로디가 떠올랐어요.
친구들에게 들려주고 싶어요!"

"모두 다 아리를 큰 박수로 맞이해주세요!"
아리는 멋진 연주를 선보였어요.

"아리야, 이렇게 아름다운 음악은 처음 들어봐.
정말 고마워!"

Ari
아리는 컬러풀 브레인 친구야!

'클라인레빈증후군(Klein Levin Syndrome)'을 가지고 있는 아리는 수면과다증이 있어요.
'잠자는 숲속의 공주 증후군'이라고도 합니다.

'감각 처리의 다름(Sensory Processing Difference)'을 가지고 있는 아리는 시각적인 자극에 과잉반응을 해요.
특히 밝은 빛에 과민하게 반응하고,
눈 앞에 보아야 할 것이 너무 많은 경우 집중이 잘 되지 않아요.

'난산증'을 가지고 있는 아리는 수개념을 추상화 하기가 어려워요.
'난산증'이란 숫자로 '많다', '적다'의 개념을 연관 짓기가 어려운 것을 말하고, 전세계 인구의 3~6%가 이 증상을 갖고 있는 것으로 추정하고 있어요.
우리나라에서는 '수학학습장애'의 이름으로 불리기도 합니다.

'난산증'으로 숫자와 수에 대한 인식이 어려워서,
숫자를 보고 있어도 파악이 잘 되지 않아요.

'난산증'의 한 증상으로 점수나 숫자를 기억하기 힘들어 해서
스포츠나 게임의 점수 매기는 걸 어려워하는 모습을 보입니다.

아리는 음악적으로 생각과 감정을 표현하는데 재능이 있어요.
'테니스 세레나데'를 기타 연주로 멋지게 보여준 아리를 응원해요!

아리를 응원해 주세요!

아리는, '리오 그란데 땅다람쥐'야!

몸 길이는
21~30cm

내 몸무게는 90~150g

내가 사는 곳은 미국 남서부와 멕시코 북동부야!
1년 중에 7개월을 겨울잠을 자는 잠꾸러기 다람쥐이지.
나는 땅다람쥐이고, 잡식성이야.
머리부터 등, 꼬리 부분까지 이어지는
9개의 하얀색 점선 줄무늬가 내 매력 포인트지!

Rio Grande Ground Squirrel

'난산증'과 함께한 사람들

 with 'Dyscalculia'

Cher
가수, 셰어

1946년 5월 20일~

셰어는 난독증과 난산증을 가지고 있었어.
학교에서 수학을 배울 때 마치
고대의 산스크리트어를 해독하는 것 같았대.
현재, 자신의 다양한 사고방식을 수용하고
신경다양성을 가진 어린이들을 돕고 있대.

여섯 번째 이야기

Thomas Edison
발명가, 토마스 에디슨

1847년 2월 11일~1931년 10월 18일

에디슨은 난독증과 난산증이 있었어.
하루는 학교에서 선생님께 받아 온 편지를
엄마가 읽어주셨는데 '당신의 아들은 천재라,
학교에서 가르칠 교사가 없으니 직접 아들을
가르쳐 달라'고 했다고 했대.
에디슨의 어머니가 돌아가신 후 우연히 일기장 사이에서 그 편지를 다시 찾았는데,
사실은 '당신의 아들은 모자라서 학교에 다닐 수 없다, 퇴학이다'라는 내용이었대.

Bill Gates
마이크로소프트 설립자, 빌 게이츠

1955년 10월 28일~

난산증을 가진 사람들 중 11%가 ADHD를 함께 가지고 있는데, 빌게이츠도 그랬대. 주어진 방법 대신에 창의적인 생각으로 문제 해결을 할 수 있는 뛰어난 능력을 가지고 있었어.

Mary Tyler Moore
배우, 메리 타일러 무어

1936년 12월 29일~2017년 1월 25일

메리 타일러 무어는 50살이 되어서야 난산증을 가지고 있는 걸 알게 되었대. 학교 생활을 할 때 친구들이 '바보'라고 놀리거나 나쁘다고 오해를 받기도 했대.

07
리츄얼

07 — 리츄얼 — 바오의 이야기

나만의 행동이 있어.
연필잡기 도와 줄 다람쥐?
아이디어 뱅크인 나에게 필요한 건?

리츄얼, 바오

Red and White Giant Flying Squirrel

"오늘은 중국에서 전학 온 친구가 있어요.
바오야, 자기소개 해볼래?"

"니하오! 나는 바오야.
난 날다람쥐중에 가장 큰 다람쥐야.
만나서 반가워!"

"안녕! 우리 같은 날다람쥐네! 정말 반갑다!"
"안녕! 반가워. 나는 도도고 하늘다람쥐야.
넌 익막*이 진짜 크다!"

*익막 : 앞다리와 뒷다리 사이 피부 조직을 말해.
팔다리를 쫙 펼쳐서 날 수 있에!

"자, 이번 시간은 수학 시간이에요.
우리가 먹는 먹이들은
여러 가지 모양을 가지고 있어요."

"도도가 좋아하는 지렁이는 선"

"보라가 좋아하는 망고는 타원형"

"해리가 좋아하는 도토리는 오각형"

"윌리가 좋아하는 새싹은 다이아몬드 모양"

"대니가 좋아하는 헤이즐넛은 동그라미"

"아리가 좋아하는 선인장에서
X 모양을 찾을 수 있어요."

"바오가 좋아하는 나뭇잎에서는
육각형도 찾을 수가 있지요."

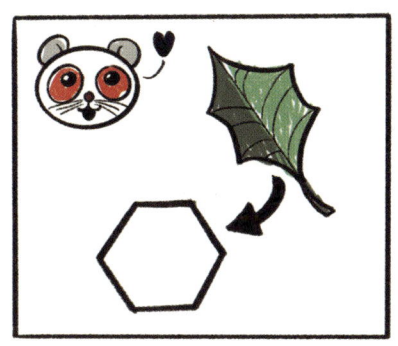

"지금까지 공부한 도형을 그려서
선생님 책상 위에 올려 놓으세요.
다 한 사람은 쉬어도 좋아요."

바오는 열심히 도형을 그려보려고 노력했어요.

"선생님, 저는 연필로는 잘 못 그리겠어요.
혹시 S-패드로 그려도 될까요?"

"그래, 바오야. S-패드로 그려도 된단다."
바오는 열심히 과제를 해서 제출했어요.

"얘들아, 바오가 나는 거 보여준대~
빨리 와!"

바오의 멋진 점프!

"우와, 바오야! 정말 멋져!"

"바오야, 너 점프하기 전에
머리를 왜 빙그르르 돌리는 거야?"

"아, 나도 몰랐는데
그렇게 하면 얼만큼 날지 미리 거리를 계산할 수 있어!
그리고 마음이 편안해져!"

"여러분이 제출한 과제 중
소개하고 싶은 친구의 작품이 있어요.
바오가 나와서 발표해 보겠니?"

일곱 번째 이야기

 "영모는 동그라미, 개암이야."

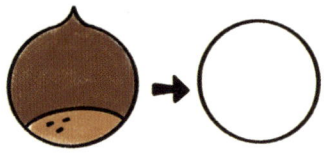 영모

 "일모는 선, 지렁이야."

 일모

 "이모는 두개의 선, 소나무 잎이야."

 이모

 "세모는 삼각형, 씨앗이야."

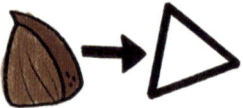 세모

 "네모는 사각형, 어린 싹이야."

 네모

 "오모는 오각형, 도토리야."

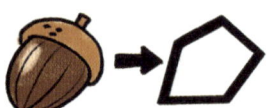 오모

 "육모는 육각형, 나뭇잎이야."

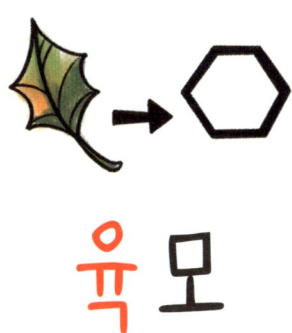

육모

"이로써 발표를 마치겠습니다.
감사합니다!"

Bao
바오는 컬러풀 브레인 친구야!

학습장애의 하나인 '난서증'을 가지고 있는 바오는 손의 협응과 소근육 운동능력이 좋지 않아 도형을 자신의 생각대로 그리기가 어려웠어요.

쓰기 장애로 기존의 연필을 사용하기가 어려운 바오는 전자기기인 패드로 필기하는 것을 원했어요.
실제로 아동이 선호하거나 잡기 쉬운 필기구를 제공해주거나, 전자기기를 활용하는 것도 도움이 됩니다.

'오티즘'을 가지고 있는 바오는 이륙 전에 항상 하는 행동인 자신만의 루틴이 있어요.
바오는 이륙하기 전에 머리를 흔들고 회전하여 경로를 가늠한 다음, 점프를 한답니다.

상동행동이기도한 루틴은 바오의 마음을 편안하게 해주기도 해요. 이륙하기 전에 긴장과 불안을 해소시켜주는, 바오만의 리츄얼이랍니다.

'오티즘'이 있는 바오는 세상을 자신만의 방식으로 바라보는 멋진 눈을 가졌어요.
'세모, 네모'에서 착안한 도형의 이름 짓기, 정말 기발하네요!

바오를 응원해 주세요!

바오는, '적백 자이언트 날다람쥐'야!

몸 길이는
35~58cm

내 몸무게는 1.2~1.9Kg

나는 중국에서 살아!
날다람쥐 중에서 내가 가장 크지.
야행성·잡식성이고, 꼬리가 몸 길이보다 더 길어.
푸른 눈을 가지고 있고, 눈 주위에 주황색 털이 둘러싸고 있어.
이륙하기 전에 항상 머리를 흔들고 회전하는 루틴이 있다구!

Red and White Giant Flying Squirrel

'난서증'과 함께한 사람들

 with 'Dysgraphia'

George Washington
미국 초대 대통령, 조지 워싱턴

1732년 2월 22일~1799년 12월 14일

워싱턴은 학교에서 시간을 보내기보다는
스스로 공부를 하는 스타일이었대.
난서증과 난독증이 있어서 일기를 보면
손글씨가 삐뚤빼뚤, 띄어쓰기가 되지 않고,
철자랑 문법이 많이 틀린 걸 볼 수 있대.

Louis Pasteur
과학자, 루이 파스퇴르

1822년 12월 27일~1895년 9월 28일

파스퇴르 우유. 맞아, 그 분이셔!
질병과 미생물의 연관 관계를 발견하고
백신을 발명하셨지.
이 모든 걸 난독증, 난서증과 함께 하셨대.

'오티즘'과 함께한 사람들

 with 'Autism'

Susan Boyle
가수, 수잔 보일

1961년 4월 1일~

48살의 나이로 무대에 올랐을 때

천상의 목소리로 많은 사람들을 감동시켰어.

2012년에 오티즘을 가진 것을 알게 되었대.

어렸을 때 학교에서 배우는 것이 힘들고

친구가 없었다고도 이야기를 했어.

Charles Darwin
생물학자, 찰스 다윈

1809년 2월 12일~1882년 4월 19일

진화론의 아버지인 찰스 다윈은

말수가 적어서 사람들과 소통이 적었고,

말보다는 글로 적어서 소통했대.

대신, 연구에 몰두하셔서

많은 업적을 이루어 내셨지!

08
공감각

줄 맞춰 글자 쓰는 게
세상에서 제일 어려운 다람쥐
나는 감각적으로 느낀 걸 말로 잘 표현할 수 있어!

공감각, 토토

Black-tailed Prairie Dog

"오늘은 해리처럼 미국에서 온 친구가 있어요.
토토, 자기소개 해볼까?"

"Hi! 나는 미국 텍사스에서 왔어.
나는 개가 아니고 다람쥐야! 기억해 줘!"

"오늘은 다람쥐 친구들의
언어에 대해 배울 거에요."

"보라가 먼저
말레이어로 '감사합니다'를 알려줄래?"

"보라의 말에서는
빛나는 햇살이 느껴져요."

"다음은 해리 차례!"

"해리의 말에서는
초록 빛깔의 알파벳과
나뭇잎의 바스락거림이 들려요."

"다음은 퀘벡 주에서 온 윌리!"

"윌리의 말에서는
단풍나무의 달콤한 메이플 시럽 맛이 나요."

"대니 차..(례)!"

"대니의 말에서는
하늘과 맞닿은 푸른 바다의 파도 소리가 들려요!"

"다음은 멕시코에서 온 아리 차례예요."

"아리가 Gracias라고 말할 때
오렌지 향기가 났어요!"

"바오야, 중국어로는 뭐라고 말하니?"

"바오의 말에서는 달콤한 젤리 맛이 나요!"
"토토는 친구들의 언어를
느낌으로 표현하는 걸 잘하는구나!"

"오늘 수업에서 자신이 느꼈던 점을
선생님이 나눠준 종이에 써 보세요.
그리고 옆자리 친구에게 건네주세요.
친구들의 생각을 같이 알아봅시다."

토토는 열심히 적어보려 했지만,
글씨를 잘 쓸 수 없었어요.

"선생님, 도저히 글씨를 못 쓰겠어요.
도와주세요."

"토토는 손 글씨 쓰기가 어려운 친구구나.
선생님이 토토가 말한 걸
받아 적을 수 있는 도구를 준비했어요."

08 — 공감각 — 토토의 이야기

"네, 선생님!
저의 소감을 말해보겠습니다!"

"친구들의 말은 꽃다발이었다.
튤립, 백합, 해바라기, 작약, 델피늄, 물망초,
그리고 제비꽃의 향기가 교실을 가득 채우는 듯한
선물 같은 시간이었다."

Toto
토토는 컬러풀 브레인 친구야!

'공감각'은 다섯 가지 감각 중 한 영역의 자극이 주어졌을 때
그 자극이 다른 감각을 깨우는 현상을 말해요.
적어도 80가지의 형태가 있습니다.
소리에 색깔이 보이는 공감각으로 느껴진 예라고 할 수 있어요.

토토는 문자와 기호가 색깔로 느껴지는 공감각을 가지고 있어요.

토토는 말의 억양에서 청감각적인 느낌을 떠올리는 공감각을
가지고 있어요.

토토는 어휘에서 느껴지는 미감각적인 느낌을 떠올리는 공감각을
가지고 있어요.

토토는 후각적인 감각을 느끼는 공감각도 가지고 있어요.
스페인어에서 달콤 상큼한 오렌지 향기를 경험하는 토토는
느껴지는 감각에 따른 즐거운 경험도 많지만,
한편으로는 과부하가 오면서 매우 피곤해지기도 한답니다.

운동형, 공간성 난서증을 가지고 있는 토토는 줄에 맞추어
손의 소근육을 움직여 글씨를 쓰는 것이 어려운 과제입니다.

공감각의 다양한 감각경험과 과독증을 가지고 있는 토토는
언어로 새로운 세계를 표현하는 것을 잘한답니다.
'난서증'이 있어서 필기로 기록을 남기는 것보다는
그림이나 전자기기를 이용하는 것을 선호한답니다.

토토를 응원해 주세요!

토토는, '검은 꼬리 프레리도그'야!

몸 길이는
36~43cm

내 몸무게는 680~1360g

내가 사는 곳은 미국 대평원과 캐나다 국경 부근이야!
주행성이라 겨울잠을 자지 않고, 잡식성이야.
대가족이 모여 함께 굴에서 살고, 가족끼리 뽀뽀로 서로 인사해!
복잡하고 정밀한 언어 체계를 가지고 있어서
천적의 종류에 따라, 혹은 지나가는 사람의 티셔츠 색깔에 따라
다른 주파수의 소리를 낼 수 있어!

Black-tailed Prairie Dog

'공감각'과 함께한 사람들

 with 'Synesthesia'

Arthur Rimbau
시인, 아르튀르 랭보
1854년 10월 20일~1891년 11월 10일

A는 검정, E는 흰색, U는 초록, O는 파랑.
랭보는 알파벳 모음에서 색깔을 느꼈대.
그의 눈으로 보는 세상은 더욱 다채롭고
아름다운 공간이었을 것 같아.

Franz Liszt
작곡가, 프란츠 리스트
1811년 10월 22일~1886년 7월 31일

리스트는 연주가에게 '조금 더 파랗게
연주해 주세요'라고 디렉팅을 했다고 해.
음감을 색채화한 작곡가 리스트는
더욱 아름다운 음악을 작곡하고
연주할 수 있었을 것 같아.

Wassily Kandinsky
화가, 바실리 칸딘스키
1866년 12월 16일~1944년 12월 13일

추상미술의 거장 칸딘스키는
색을 볼 때 소리가 함께 들리고,
소리를 들으면 색이 보이는 공감각을 가지고
예술 활동을 이어나갔다고 해.

Luciano Pavarotti
성악가, 루치아노 파바로티
1935년 10월 12일~2007년 9월 6일

천상의 목소리로 노래를 부르던
이탈리아의 테너 파바로티!
악보를 볼 때 음표를 색채로 느끼고
머릿 속에 악보를 다채롭게 그렸대.

08 ─ 공감각 ─ 토토의 이야기

09
조마조마

새가슴 다람쥐 (조마조마 불안불안…)
나도 모르게 틱이 나와.
비보이 활동명 : '불타는 발' (Fire-footed)

조마조마, 하루
Fire-footed Rope Squirrel

"오늘은 현장학습을 가는 날이에요.
아프리카에서 전학 온 친구가 있는데
간단하게 소개하고 출발할게요."

"Salut! 나는 하루야.
콩고민주공화국에서 왔어.
등교 첫 날이 놀러 가는 날이라 정말 신나!"

"자, 모두 나무 열차를 탈게요! 하루는 토토 옆에 앉으렴."

"선생님, 저 이거 처음 타봐요... 무서워요.."

"안전벨트를 매면 안전하단다.
금방 도착할거야."

많이 불안한 하루는
코를 벌름거리며 킁킁거리는 소리를 냈어요.

"자, 이제 계곡에 도착했어요!"

"즐겁게 놀아요, 다람쥐 친구들!"

하루는 갑자기
다시 나무 열차를 타야 한다는 사실이 떠올랐어요.
하루는 크게 소리를 지르면서
몸을 뒤틀며 꼬리를 위 아래로 움직였어요.

"타타타, 타타타, 타타타!"

"하루야 괜찮니?
이럴 때 너는 어떻게 하는게 좋니?"

"잠시 저 혼자 앉아서 쉬어도 될까요?"

"하루야, 좀 어때?"
"이제 좀 나아졌어.
나무 열차를 탄다는 생각에 스트레스를 받았나 봐."
"네가 다쳤을까봐 걱정했어."

"안 다쳤어! 걱정해줘서 고마워!
오히려 막힌 코가 뚫린 것처럼
엄청 시원해졌어!"

"나도 코 막힌 적 있는데
생각만 해도 정말 개운한걸~"

"아하, 고구마를 가득 먹고
시원한 사이다를 벌컥벌컥 마시는 느낌이구나!"

"자, 친구들 모이세요!
오늘의 견학에 대해
이야기를 나눠보는 시간을 가질 거예요."

"선생님, 저는 비보이에요!
친구들에게 오늘의 느낌을 춤으로 보여주고 싶어요!"

"하루야, 너 비보이야?
대박! 빨리 보여줘~"

하루가 움직일 때마다
불꽃이 피어오르는 듯,
멋진 비보잉을 선보였어요!

"우와! 하루 진짜 멋지다!
비보이 하루는 대단해!"

Haru
하루는 컬러풀 브레인 친구야!

새롭게 접하는 것에 대한 불안감이 높은 하루는 강박장애가 있어요.
비합리적인 생각에 휩싸여 나무 열차의 바퀴가 빠지는 걱정으로
불안감이 지속되어 선뜻 승차하기가 어려웠던 다람쥐 하루에요.

하루는 콧구멍을 벌름거리면서 '킁킁' 소리를 내는 '음성 틱'을
가지고 있어요.

친구와 옆자리에 기차를 타는 것이 불안하고 어려워서,
선생님의 도움을 받아 이동을 하였어요.

스스로 통제할 수 없는 '음성 틱('타타타' 소리내기)'과
'운동 틱(몸을 뒤틀고 꼬리를 위아래로 빠르게 움직이기)'이 동반된
'뚜렛증후군'을 가지고 있어요.

틱과 뚜렛이 있고 난 후 조용한 곳에서 선호하는 음악을 들으며
휴식을 취하는 것이 컨디션을 회복하는 데에 도움이 되는 것을
알고 있어요.

자신이 통제할 수 없는 음성 틱과 운동 틱이 나오고 나면
불편하고 답답한 느낌이 해소되는 듯한 기분이 든다고 해요.

'뚜렛증후군'을 가지고 있는 하루는 운동 틱의 움직임이
힙합 댄스를 출 때 도움이 되었다고 합니다.
또한 비보이 하루로서 춤을 추는 시간 동안에는 몰입하기 때문에,
뚜렛 증상의 빈도가 평소보다 적어진다고 해요.

하루를 응원해 주세요!

하루는, '불타는 발 밧줄다람쥐'야!

몸 길이는 19cm

내 몸무게는 225~240g

나는 아프리카 대륙의 서쪽 지역, 콩고 민주공화국, 우간다 등에 살아.
땅다람쥐이고, 주행성이야.
잡식성이지만, 과일이랑 씨앗을 80% 정도 먹어.
살짝 놀랐을 때는 '척' 소리를 한 두 번 크게 내고,
위급한 상황에는 '타타타' 소리를 20~40초 정도 내서 경보를 울리곤 해.

Fire-footed Rope Squirrel

'뚜렛증후군'과 함께한 사람들

 with 'Tourette Syndrome'

Billie Eilish
가수, 빌리 아일리쉬

2001년 12월 18일~

미국의 팝 가수 빌리 아일리쉬는

11살에 뚜렛증후군 진단을 받았고,

지금도 뚜렛과 함께 살아가고 있어.

자신의 정체성의 일부가 뚜렛이라는걸

받아들이고, 엘렌 쇼에서 공유해주었어.

아홉 번째 이야기 — 162

Seth Rogen
배우, 세스 로건

1982년 4월 15일~

배우, 영화제작, 감독 등 멀티플레이어야!

2021년, 트위터에 자신도

'약한 뚜렛'이 있다고 고백했어.

그리고 뚜렛에 대한 잘못된 편견과

고정 관념을 바로 잡기 위해 노력하고 있어.

'강박장애'와 함께한 사람들

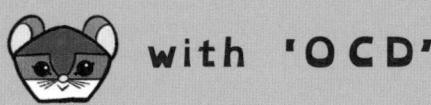 with 'OCD'

David Beckham
축구선수, 데이비드 베컴
1975년 5월 2일~

2023년, 넷플릭스 시리즈에서
강박장애와 함께하는 일상에 대해 공유했어.
흐트러져 있는 상황이 불안하게 느껴져서
가족들이 잠든 후 계속해서 집안을 청소하고
냉장고의 물건을 모두 짝수로 열을 맞춘대.

Florence Nightingale
간호사, 플로란스 나이팅게일
1820년 5월 12일~1910년 8월 13일

'위생', '청결' 강박을 가지고 있어서
하루에 손을 100번 이상 씻었대.
크림전쟁 병원 구조 시 침상 수 정리 및
간호사 1명 당 맡는 환자 수를 정해 도표화,
관리한 것이 현대 병원 구조의 시작이 됐어.

10
메아리

컬러 박사 아트 다람쥐!
말을 그대로 따라하는 메아리 다람쥐예요.
마스크를 쓴 이유는, 개봉박두!

메아리, 치치
Siberian Chipmunk

"다람쥐 친구들, 안녕!
내일부터 여름 방학이에요."

"선생님, 방학은 며칠이에요?
오늘 아침에 잣에 발라 먹은 누텔라도
최고의 맛이었어요!"

"저는 방학 때,
제가 제일 좋아하는 헤이즐넛의 모든 것에 대해
찾아볼 거예요!"

"그래 대니야, 좋은 방학 계획인 걸?
자, 이제 선생님이 짝꿍과 같이 색칠할
종이를 나누어 줄게요!"

"5개 조로 색칠 활동을 해 볼게요!"

"선생님, 그런데 이게 뭐예요?"

"친구들이 색칠을 다 하고 나면
알게 될 거예요."

"치치야, 넌 무슨 색으로 색칠할 거야?"
"무슨 색으로 색칠할 거야?"

"응? 뭐라고? 잘 안 들려~"

"잘 안 들~려ㄹㄹㄹ어~
자아 ㄹ~안~드 ㄹ~례!"

"응? 치치 네 마스크 땜에 잘 안 들린다구~"
"미안해요."

"괜찮아. 우리 무슨 색으로 칠할까?"
"진한 파랑색으로 칠합시다."

"좋아! 여기 가지고 왔어!"

열 번째 이야기

"이 색깔 아닙니다…"

"응?
파랑색은 한 가지 아니야?"

"아니에요.
도도가 가져온 건 '파랑새 파랑색 팬톤299번'이에요.
제가 말한 건 '공작새 파랑색 팬톤3005번'입니다."

"오, 이 색깔 예쁘다!
파랑색도 여러 가지인가 봐~"

"네!
파랑색은 100개도 넘어요!"

"진짜? 치치 너 정말 대단하다!
그런데 치치 넌 왜 계속 마스크를 쓰는 거야?"

"사실 저는 코 색깔이
'사파이어 파랑색 팬톤 2935번'이라서요…"

"정말? 너무 예쁠 것 같아!"

"그래요?
파랑색 코도 멋진 거구나...!"

"도도야, 너에게 고마워요.
나 사실 답답했는데,
이제부터 마스크 벗을 거야!"

"치치야,
너의 코가 사파이어 보석처럼 반짝여!"

"다람쥐 친구들~
다 색칠했으면 선생님께 가져오세요."

"여러분의 작품이 모여
컬러풀한 세계 지도가 되었어요!"

"도도는 한국, 보라는 말레이시아, 해리는 미국의 뉴욕,
윌리는 캐나다, 대니는 덴마크, 아리는 멕시코,
바오는 중국, 토토는 미국의 텍사스, 하루는 콩고민주공화국,
마지막으로 치치는 한국과 일본 등에 산답니다."

"이렇게 다람쥐는 전 세계 곳곳에서
다양한 모습으로 살고 있답니다!"

"생김새도, 크기도, 먹는 것도, 다 다르지만"

"우리는 모두 같은 다람쥐랍니다."

"다양한 모습을 가지고 있기에
다람쥐의 세계가 더 아름다워질 수 있는 거예요."

"맞아요!
눈 색깔도, 털 색깔도 다양해요!"

"컬러풀 코와
컬러풀 브레인을 가지고 있어요!"

"맞아, 다람쥐 학교 친구들은 모두가
람쩍람쩍 빛나는 다람쥐란다!"

Chichi
치치는 컬러풀 브레인 친구야!

치치는 메아리처럼 따라 말하는 '반향어'로도 소통하는 다람쥐예요. 상대의 말을 그대로 따라 말하면서 '동의'의 의미를 표현하기도 하고 다시 한 번 머릿속에서 의미를 생각해보는 작업을 하기 위함이기도 해요.

치치는 '감각처리의 다름(Sensory Processing Difference)'을 가지고 있어서 구강 감각의 추구가 있어요.
혀 끝과 앞 윗니 뒤쪽 잇몸이 닿아 나는 소리인 'ㄹ'을 반복해서 말하면서 구강 감각의 느낌에 집중해보기도 한답니다.

치치는 반말과 존댓말을 사회적 상황에 맞게 적절하게 말하는 것이 어려워서, 친구에게도 존댓말로 말하곤 한답니다.

치치는 10,000가지 이상의 색깔을 체계화한 팬톤 기업의 색깔표를 하루 종일 보고 또 보며 색깔과 숫자를 연관 지어보는 걸 좋아해요.
치치의 눈에는 '파랑새 파랑색'과 '공작새 파랑색'이 완전히 다른 색이지요. 치치 덕분에 도도도 여러가지 색깔에 대해 배울 수 있는 계기가 되었어요.

치치는 오티즘의 특성을 가리기 위해 마스크를 쓰고 있었어요.
마스크 아래에서 답답함을 견디고 참으며 전형적인 다람쥐의 모습을 연습했어요.

치치의 다람쥐 그대로의 모습을 인정하고 친구로 받아들인 도도의 우정은 치치의 자존감을 뿜뿜 업! 시켜주었어요.

다양한 다람쥐의 모습을 포용하는 다람쥐 학교에서, 도도의 지지로 용기를 얻은 치치는 마스크를 벗고 자신의 반짝이는 '사파이어 파랑색'을 더욱 빛낼 수 있었답니다.

치치를 응원해 주세요!

치치는, '시베리안 다람쥐'야!

몸 길이는
18~25cm

내 몸무게는 50~150g

나는 한국과 일본 홋카이도, 동유럽, 동북아시아, 중국 동부 등에 살아!
먹이를 볼 주머니에 가득 넣어 이동하는데, 도토리를 10개나 넣을 수 있어.
땅 속에 굴을 파서 지내는데 침실, 먹이 창고, 화장실은 따로 있어.
꼬리를 이불 삼아 덮고 겨울잠을 자는데,
일주일에 한 번 일어나 먹이를 먹기도 하지.
노랑·파랑색 계열은 구분하지만, 빨강·초록색 계열은 차이를 못 느껴.

Siberian Chipmunk

'오티즘'과 함께한 사람들

 with 'Autism'

Michelangelo
예술가, 미켈란젤로
1475년 3월 6일~1564년 2월 18일

르네상스 시대의 거장 미켈란젤로!
그는 감정을 돌보는 데 어려움이 있었고
사람들과 상호작용이 매우 어려웠다고 해.

Emily Dickinson
시인, 에밀리 디킨슨
1830년 12월 10일~1886년 5월 15일

미국의 대표 시인인 에밀리 디킨슨은
뇌전증과 오티즘을 같이 가지고 있었어.
항상 하얀 색 옷을 입기를 추구했다고 해.

Anthony Hopkins
배우, 앤소니 홉킨스
1937년 12월 31일~

아카데미 수상 배우인 앤소니 홉킨스는
2017년에 오티즘 진단 받은 사실을 알렸어.
좋은 기억력으로 대본을 잘 외우고
캐릭터 분석을 잘 할수 있었지만,
사람들과 같이 연결되는 것이 어려웠다고 해.

Sir Issac Newton
과학자, 아이작 뉴턴
1642년 12월 25일~1726(1727)년 3월 20일

중력의 법칙! 사과가 왜 나무에서 떨어질까?
전문가들이 뉴턴의 성격 특성을 연구한 결과,
과학자 뉴턴은 제한적 관심을 보이고
친구들과 같이 잘 지내는 것에
어려움이 있었다고 해.

추천의 글

김용직
변호사, 한국자폐인사랑협회장

세계적 화두인 신경다양성에 대해 독창적인 콘텐츠로 독자들에게 다가가는 「컬러풀 브레인 프렌즈」는 다름을 배척하지 않고 개성으로 존중하며 함께 어우러져 살아가는 사회를 보여줍니다. 특히 다섯 마리 다람쥐가 같은 오티즘을 가졌지만 모두 다 다른 특징을 보여주는 점은 오티즘이 스펙트럼이라는 것을 정확히 묘사하는 지점입니다. 오티즘, 학습장애 등의 신경다양성을 가진 다람쥐들이 개별적 지원을 통해 구성원과 함께하며 서로를 통해 배워가는 모습은 우리 사회의 지향점과 맞닿아있으며 이 책을 통해 각자 갖고 있는 독창성들이 단순한 다름이 아니라 다채로움으로 인식되는 발전된 사회로 한 발짝 더 가까이 갈 수 있기를 바랍니다.

김효원
서울아산병원 소아정신건강의학과 교수

모든 아이는 다릅니다. 얼굴의 생김이 다르고, 키가 다르고, 좋아하는 것이나 잘하는 것도 다릅니다. 아이들이 서로 다름을 대하는 태도는 사회의 시선을 닮습니다. 주의력결핍, 틱, 지적장애, 자폐스펙트럼장애, 난독증과 같은 뇌 발달의 개인차, 즉 신경다양성에 대한 아이들의 태도 역시 우리 사회가 서로 다름을 대하는 태도를 닮습니다. 서로 다른 다람쥐들의 이야기를 다룬 이 책을 통해, 아이들이 또 우리 사회가 신경다양성에 대해 더 따뜻한 시선을 가지게 되기를 바랍니다.

천근아
연세대 세브란스병원 소아정신과 교수
대한소아청소년정신의학회 이사장

「컬러풀 브레인 프렌즈」는 뇌신경 연결의 다채로움을 시각적으로 풀어내며, 아이부터 어른까지 누구나 신경다양성을 쉽게 이해할 수 있도록 구성된 책입니다. 이제는 자폐스펙트럼장애를 옳고 그름의 기준이 아닌, 사회 속 다양한 정체성 중 하나로 바라보아야 할 때입니다. 이 책 속 다람쥐 학교의 에피소드를 통해 독자들이 보다 포용적인 사회로 한 걸음 더 나아갈 수 있기를 기대합니다.

유희정
서울대 의과대학 정신과학 교수, 한국자폐학회회장

매력적인 다람쥐 친구들이 세상에 나오게 된 것을 진심으로 축하합니다. 어떤 관점에서 보면 뭔가 독특하거나 부족해 보일 수도 있는 친구들이지만, 그런 관점이 떠오르지도 않을 정도로 각자의 개성으로 매일의 이야기를 만들어 나가는 멋진 친구들입니다. 신경다양성이라는 개념을 친근하고 즐겁게 그려냄으로써, 읽는 사람들이 개념을 채 의식하기도 전에 이야기에 빠져들고, 다람쥐들을 사랑하고, 내 생각의 일부로 받아들일 수 있도록 세심하게 다듬고 만들어진 작품입니다. 다람쥐의 이야기지만, 인간이 가진 다양성의 힘을 이해하고 싶은 분들에게 권합니다. 다람쥐 친구들이 주인공이 되는 세상을 함께 꿈꾸고 응원합니다.

안준용
고려대 보건과학대학 교수

「컬러풀 브레인 프렌즈」는 다양한 다람쥐 캐릭터들을 통해 신경다양성의 개념을 재미있고 쉽게 전달하는 책입니다. 각 다람쥐들은 자신만의 개성과 특성을 보이며, 이를 통해 독자들에게 신경다양성에 대한 이해를 넓히고 편견을 없애고자 합니다. 독특한 캐릭터와 이야기 전개로 어린이 독자들도 자연스럽게 다름을 존중하는 마음을 가질 수 있게 돕습니다.

김소현
고려대 심리학부 교수

이 책은 자폐스펙트럼장애와 ADHD 등 우리 주변에서 흔히 볼 수 있는 신경다양성을 존중하고 자연스럽게 받아들이도록 돕습니다. 개성 넘치는 다람쥐 캐릭터들을 통해 자폐인과 그 가족, 그리고 그들을 둘러싼 모두가 이러한 특성을 '틀림'이 아닌 '다름'으로 인식하게 합니다. 다채롭고 생동감 넘치는 다람쥐 학교 이야기를 읽다 보면, 어느새 신경다양성의 의미를 이해하고 이를 포용하는 따뜻한 시선을 배울 수 있습니다.

추천의 글

김은정
전시기획 아트블리스 대표, 교육학 박사

우리가 사는 세상은 색과 빛으로 가득 차 있습니다. 마치 변장의 마술을 부리듯 풍부한 색채와 흘러넘치는 빛으로 각자 자신의 존재를 알리고 있습니다. 이렇듯 제각각 자신의 실재가 모여 함께 살아가는 우리 사회는 개인마다 '다른' 감각으로 각자 '다른' 가능성을 찾으며 각자의 삶을 풍부하게 이루어갑니다. 「컬러풀 브레인 프렌즈」의 다양한 다람쥐 주인공 캐릭터를 통해 우리 사회를 구성하는 사람들의 '다른'감각과 '다른'가능성에 대한 긍정적인 사회적 모델로서의 가치 체계를 친숙하고 유쾌하게 생각해보는 메시지를 통해 우리 모두에게 인식의 전환이 발생하리라 믿습니다.

남 영
한국자폐인사랑협회 운영위원, 신경다양성 다람쥐 청년의 어머니

세상에 이렇게 여러 종류의 같지만 각각 다른 다람쥐들이 있다는 사실을 이 책을 읽으며 알게 됩니다. 귀엽고 친숙한 다람쥐에게 신경다양성을 덧입혀 도도와 보라, 해리 등의 캐릭터를 소개합니다. 그들의 서사를 통해 각각의 '다름'이 가지는 개성을 이해하고 받아들이는 새로운 창을 열어 주는 「컬러풀 브레인 프렌즈」의 신나는 이야기! 단순한 동화를 넘어서 어른과 어린이 모두에게 신경다양성에 대해 알려 주고 존중하도록 변화시키는 안내서랍니다. 다음에 만날 다람쥐 친구는 어떤 '다름'의 이야기를 가지고 있을지 미리 기대에 부풉니다.

김명희
초등교사, 교육학 박사
<전국통합교육연구회> 회장, <신경다양성 교실> 저

귀여운 다람쥐들이 소개하는 신경다양성의 세계로 초대합니다. 달라서 더 재미있고 다채로운 다람쥐 학교 친구들! 「컬러풀 브레인 프렌즈」의 다람쥐들은 뇌신경학적 다양성을 가진 신경다양성 친구들의 특성과 강점을 잘 보여주고 있습니다. 신경다양성 다람쥐들과 함께 우리 사회가 포용적 사회로 한 걸음 더 성장하기를 바랍니다.

이경아
도닥임아동발달센터장, 교육학 박사

신경다양성의 상징은 무지개 무한대 기호입니다. 우리가 각기 다르지만, 또한 함께 살아가는 모두 친구라는 점을 강조하고 있습니다. 다람쥐 학교의 도도와 보라, 해리와 친구들은 어색한 부분도 있고 각자 다르지만 모두 자신만의 색을 가지고 있습니다. 자세히 보면 멋진 강점이 있고 모두 다람쥐 학교의 친구라는 공통점이 있습니다. 다람쥐 학교에서는 정말 씩씩하고 유쾌한 다람쥐 친구들이 벌이는 놀랍고 신기한 이야기가 펼쳐집니다. 이야기를 따라가는 동안에 다양해서 더 멋진 다람쥐 친구들과 마음껏 친구가 될 수 있을 거예요! 어린 친구들에게 신경다양성을 잘 소개하는 좋은 책이 나와서 너무 기대됩니다.

이옥주
드림위드앙상블 이사장

모든 악기가 고유의 음색이 있듯이 다람쥐 학교에서 만날 수 있는 다람쥐들 역시 모두 귀엽고 각자의 독특한 개성을 갖고 있다는 걸 알 수 있습니다. 다람쥐들의 신경다양성 특징은 알고 보면 각자의 고유한 정체성의 일부라는 것을, 에피소드를 통해 우리는 자연스레 알게 됩니다. 서로가 서로를 인정하고 존중해줄 때 다람쥐 학교에서의 행복한 공동체 생활, 더 나아가 우리 사회의 아름다운 하모니가 이 책을 통해 실현될 것이라 기대합니다.

오한숙희
사단법인 누구나 대표, <우리, 희나> 저

"그의 이름을 불러주었을 때 그는 나에게로 와서 꽃이 되었다"는 시구(詩句)처럼, 이름은 관계를 규정합니다. 신경다양성이라는 이름은 사람을 자폐, 발달장애라고 부르며 가둬두었던 세상의 장벽을 와르르 무너뜨립니다. 혈액형, MBTI를 넘어, 바야흐로 신경다양성이 등판한 것입니다. 이는 자신의 특성을 존중받고 누구나 세상의 꽃으로 공존할 수 있는 훌륭한 신세계가 가까이 왔음을 보여주는 것입니다.

추천의 글

임 신 화
발달장애지원 이종협동조합연합회장

다양성에 대한 이해는 환경, 민주주의 더 나아가 세계시민 교육과도 깊이 연결되어 있습니다. 다람쥐 학교에 다양한 친구들을 통해 자연스레 배우는 다양성은 인간의 깊은 이해를 바탕으로 인권 감수성을 자연스레 내재화할 수 있을 것이라 믿습니다. 달라서 더 환영받는 사회가 되기를 꿈꾸며, 이 책이 그 걸음의 실마리가 되어 주어서 감사합니다.

참고문헌

Armstrong, T., (2011), *The Power of Neurodiversity: Unleashing the Advantages of Your Differently Wired Brain,* Da Capo Lifelong Books, Boston

Chapman, R., (2023), *Empire of Normality: Neurodiversity and Capitalism,* Pluto Press, London.

Colautti, L., Magenes.S.,Rago, S., Zanaboni, C., Cancer, D. A., AntoniettiA., (2021), *Creative Thinking in Tourette's Syndrome: An Uncharted Topic,* Front. Psychol., Sec. Cognitive Science, Volume 12, 2021, https://doi.org/10.3389/fpsyg.2021.649814

Cytowic, R. E.,(2018), *Synesthesia,* The MIT Press, Cambridge.

Cytowic, R. E.,(2011), *Wednesday is indigo blue,* The MIT Press, Cambridge.

Dooley, A., (2022), *Frankie's World: A Graphic Novel,* Graphix, New York.

Dooley, A.,(2023), *Finding My Voice,* Scholastic, New York.

Gooding, L., (2023). *Wonderfully Wired Brains.* Penguin Random House, New York.

Gooding, L., (2022). *Just like me.* A Studio Press, London.

Hare, J., (2024), *Autism Is Not A Disease: The Politics of Neurodiversity,* Verso, New York.

Heyworth, M., Eckstrom, N., (2023), *Remarkable Remy,* Bright Light, Florida.

Kranowitz, C. S., (2022). *The Out-of-Sync Child.* Third Edition, A Tarcher Perigee Book, New York.

Lucia F. Jacobs, Emily R. Liman, (1991), *Grey squirrels remember the locations of buried nuts,* Animal Behaviour, Volume 41, Issue 1, 1991, Pages 103-110, ISSN 0003-3472

Maher, Christine R. (2009). *Genetic Relatedness and Space Use in a Behaviorally Flexible Species of Marmot, the Woodchuck (Marmota monax).* Behavioral Ecology and Sociobiology. 63 (6): 857–868.

Mederos, M., Fernandez, B., Sanford, A., (2022), *Tic & Twitch: A Story About Tourette Syndrome,* Juniper Publishing, California.

Scott, L., (2021), *Can you see me?,* Scholastic Inc., New York.

Slobodchikoff, C. N., Perla, B. S., Verdolin, J. L., (2009), *Prairie Dogs: Communication and Community in an Animal Society,* Harvard University Press, Cambridge.

Thorington, R. W. Jr., Koprowski, J. L., Steele, M. A. and J. F. Whatton. (2012). *Squirrels of the World.* The Johns Hopkins University Press, Baltimore.

Thorington, R. W. Jr., Ferrell, K., (2006), *Squirrels: The Animal Answer Guide,* The Johns Hopkins University Press, Baltimore.

Rebel Girls, (2024), *Rebel Girls Celebrate Neurodiversity: 25 Tales of Creative Thinkers,* Rebel Girls, California

Rudolph, S., Royer, D., Zivoin, J., (2015), *All My Stripes: A Story for Children With Autism,* Magination Press, Washington, D.C.

Pang, C., (2021), *Explaining Humans,* Penguin, London.

Pantone, (2012), *Colors,* Abrams Appleseed, New York.

Parker, L. R., (2022), *Wiggles, Stomps, and Squeezes Calm My Jitters,* BQB Publishing, Waynesville NC.

Parker, L. R., (2024), *Wiggles, Stomps, and Squeezes Calm My Jitters at school (2),* BQB Publishing, Waynesville NC.

Pennington, B. F., McGrath, L. M., Peterson, R., (2020), *Diagnosing Learning Disorders: From Science to Practice,* Third Edition,The Guilford Press, New York.

Price, D., (2022), *Unmasking Autism: The Power of Embracing Our Hidden Neurodiversity,* Monoray, London.

김명희, "신경다양성 교실", 새로온봄, (2022)

김명희, 김수연, 김인규, 김주희, 류승연, 엄수정, 이루나, 이은서, 정은영, 조순애, 조은혜, 한미경, 한재천, 현병호, "통합교육, 모두를 위한 교육", 민들레, (2021)

김황 (글), 김영순 (그림), "다람쥐", 우리교육, (2011)

김효원, "모든 아이는 예민하다", 글항아리, (2024)

남보람, "자폐 영유아와 함께 놀이하며 성장하기", 새로온봄, (2024)

류승연, "사양합니다, 동네 바보형이라는 말", 푸른숲, (2018)

류승연, "아들이 사는 세계", 푸른숲, (2024)

박정경 (글), 꽃영아 (그림), "발달장애인과 함께하는 경계존중 이야기", 사슴뿔, (2024)

사이먼 배런코언 (지은이), 강병철 (옮긴이), "패턴 시커", 디플롯, (2024)

이수인, "우리는 모두 다르게 배운다", 어크로스, (2024)

이와세 도시오 (지은이), 왕언경 (옮긴이), "ADHD·자폐인이 보는 세계", 이아오, (2024)

자연관찰 땅에 사는 동물 05, "귀염둥이 다람쥐와 청설모", 기탄교육, (2012)

참고문헌

천경호, "함께 성장하는 통합교실 이야기", ㈜학교도서관저널, (2024)

천근아, "자폐스펙트럼장애", 학지사, (2024)

Rogers, S., Dawson, G., Vismara, L. A., (지은이), 이경숙, 김소현 (옮긴이), "어린 자폐 자녀를 위한 ESDM 부모용 지침서", 세원프레스, (2023)

테마별자연나라, 생태 탐구 62, 올빼미 자연관찰, "도토리를 좋아하는 다람쥐·청설모", 한국슈타이너, (2007)

혼다 히데오 (지은이), 왕언경 (옮긴이), "ADHD·자폐 아이를 성장시키는 말 걸기", 이아소, (2023)

혼다 히데오 (지은이),후쿠치 마미 (그림),이은혜 (옮긴이), "우리 아이는 발달장애입니다", 시그마북스, (2024)

Bryce, E., *Do Squirrels Remember Where They Buried Their Nuts?*, NOVEMBER 20, 2023
https://www.scientificamerican.com/

Egernet blev nationaldyr, December 4, 2016, https://web.archive.org/web/20070310203057/http://news.dds.dk/index.php?id=441&type=2

신경다양성

COLORFUL BRAIN FRIENDS

초판 1쇄 발행 2024년 12월 2일
지은이 차예진

펴낸이 전혜영 | **기획** 전혜영, 차예진 | **편집** 조윤성 | **원화** 차예진 | **그림** 최지예
펴낸곳 우주스토리 | **등록번호** 제2023-000340호 | **등록일자** 2023년 10월 30일
주소 (주)우주랩 서울시 강남구 강남대로84길 24-4, 2층 엘에스41
홈페이지 www.woozoolab.com

ⓒWooZoolab 2023 All rights reserved.
ISBN 979-11-985217-2-9

본 책은 저작권법에 의해 보호를 받는 저작물이므로 무단 전재와 복제를 금합니다.

Special thanks to

고재필 대표님, 김명희 선생님, 김소현 교수님, 김용직 회장님, 김은선 선생님, 김은정 대표님, 김지선 선생님, 김지영 대표님, 김형주 선생님, 김효원 교수님, 남영 운영위원님, 명지민 선생님, 박유미 대표님, 박정경 대표님, 백종환 대표님, 서아린 선생님, 서석준 대표님, 안세희 회장님, 안준영 교수님, 오한숙희 대표님, 유희정 교수님, 윤광미 원장님, 윤서영 선생님, 이경아 센터장님, 이소영 국장님, 이수지 선생님, 이옥주 이사장님, 이은빈 선생님, 이은수 양, 이정헌 작가님, 이재천 원장님, 이진희 회장님, 이현정 선생님, 이효성 지사장님, 임고운 원장님, 임신화 이사장님, 장명희 선생님, 조미진 관장님, 조아라 사무총장님, 전혜영 대표님, 천근아 교수님, 최덕훈 대표님, 최미지 원장님, 최진희 회장님, 홍은주 선생님, 홍윤희 이사장님

이 책이 나오기까지 저의 또 다른 이름이 된 '다람쥐'를 응원해주시고 도와주신 분들께 감사 인사를 전하고 싶습니다.